Rudolf Steiner

Der positive und der negative Mensch

Rudolf Steiner wurde am 27. Februar 1861 in Kraljevec auf der Murinsel in Kroatien, nahe der Grenze zu Ungarn, als Sohn eines Stationsvorstehers bei der österreichischen Südbahn geboren und starb am 30. März 1925 in Dornach in der Schweiz. Das Leben und Werk des Erbauers des avantgardistischen, in Beton gegossenen zweiten Goetheanum ist mit seinen rastlosen Reisen und über 6000 gehaltenen Vorträgen quer durch Europa ein einzigartiges Phänomen des 20. Jahrhunderts.

Er studierte Natur- und Ingenieurwissenschaften in Wien, promovierte in Philosophie an der Universität Rostock, gab die naturwissenschaftlichen Schriften Goethes in Weimar heraus, begründete die Anthroposophie in Berlin, die Waldorfpädagogik in Stuttgart, die biologisch-dynamische Landwirtschaft in Koberwitz bei Breslau, die anthroposophisch erweiterte Medizin und die Heilpädagogik. In München brachte er seine vier *Mysteriendramen* zur Uraufführung. Er inspirierte eine geistig geprägte organische Architektur, eine neue Bewegungskunst, die Eurythmie, und eine erneuerte Kunst des Wortes.

Seine philosophisch-anthroposophischen Hauptwerke sind: *Die Philosophie der Freiheit; Theosophie – Einführung in übersinnliche Welterkenntnis und Menschenbestimmung; Wie erlangt man Erkenntnisse der höheren Welten?* und *Die Geheimwissenschaft im Umriss.*

Sein Hauptantrieb war es, aus einer neuen Erkenntnis des Geistigen im Menschen wie im Kosmos die Freiheit und Initiativkraft aller Menschen zu fördern.

Rudolf Steiner
Der positive
und der negative Mensch

Herausgegeben von Jean-Claude Lin
mit einer Einleitung von Wolfgang Held

Verlag Freies Geistesleben

Rudolf Steiner Impulse
Werde ein Mensch mit Initiative
Grundlagen Ressourcen Perspektiven

3. Der positive und der negative Mensch

Der von Rudolf Steiner am 10. März 1910 in Berlin öffentlich gehaltene Vortrag ist dem Band *Metamorphosen des Seelenlebens–Pfade der Seelenerlebnisse. Zweiter Teil*, Gesamtausgabe Bibl.-Nr. 59, Dornach 1984 entnommen. Der Abdruck erfolgt mit freundlicher Genehmigung des Rudolf Steiner Verlags, Dornach/Schweiz.

1. Auflage 2010

Verlag Freies Geistesleben
Landhausstraße 82, 70190 Stuttgart
Internet: www.geistesleben.com

ISBN 978-3-7725-2703-6

Grafische Gesamtkonzeption: Maria A. Kafitz
Satz und Herstellung: Patricia Hagel
Druck: Bercker, Kevelaer
Printed in Germany

Der positive
und der negative Mensch

Eine Einleitung von Wolfgang Held

> *Im Atemholen sind zweierlei Gnaden:*
> *Die Luft einziehen, sich ihrer entladen;*
> *jenes bedrängt, dieses erfrischt;*
> *so wunderbar ist das Leben gemischt.*
> *Du danke Gott, wenn er dich presst,*
> *und dank ihm, wenn er dich wieder entlässt!*
> *Johann Wolfgang Goethe*

Im Chinesischen ist es das Qi, das sowohl Atem als auch Seele bedeutet; gleiches gilt für das griechische Psyche oder in Indien für Prana oder in der lateinischen Sprache für Anima, das ebenfalls Seele und Atem gleichermaßen meint. Diese gemeinsame Bedeutung unterstreicht die Tatsache, dass das Atmen nicht nur die Beseelung möglich macht, sondern dass das seelische Leben und das Schwingen der Luft im Körper zwei Seiten einer Medaille sind. So wie im Atmen «zweierlei

Gnaden» liegen, so gilt auch für die Seele, dass sie zwei Bewegungen einnehmen kann. Sie kann sich mit den Sinnen der Außenwelt zuwenden und kann so die Welt in sich aufnehmen. Hier wird die Welt eingeatmet. Geschieht die seelische Ausatmung, so ist es nun die Welt, die etwas von der eigenen Seele aufnimmt. Beide Pole des seelischen Lebens lassen sich steigern. So wird aus der Offenheit die Hingabe und schließlich, wenn der Bogen überdehnt wird, die Selbstaufgabe – vor lauter Umwelt im Innern, verliert sich die Identität. Beim seelischen Ausatmen geschieht das Gegenteil, hier wird das Selbstgefühl gesteigert. Zugleich droht man vor lauter Ausdruck, die Beziehung zur Welt zu verlieren. Rudolf Steiner widmete diesen «zweierlei Gnaden» der Seele den nachfolgenden Vortrag. Dabei nennt er den ausatmenden Menschen «positiv» der durch feste Begriffe und Überzeugungen innerlich stabil bleibt, und den einatmenden Charakter, der sich den Welterscheinungen hingibt, «negativ». – In der heutigen ökonomisierten Welt fällt es schwer, diese beiden Beschreibungen nicht wertend zu verstehen. Deshalb lohnt es sich, Lebensbereiche aufzusuchen, in denen das sogenannte Negative das Wünschenswerte ist, wie zum Beispiel beim Aufstieg aus einer schwierigen Lage, denn Auftrieb bedeutet negatives Gewicht.

Um die Irritation dennoch zu vermeiden, hat der Vortragsredner Jörgen Smit für Rudolf Steiners positiven und negativen Mensch zwei bildhafte Umschreibungen vorgeschlagen: Wachsmensch und Gummimensch. Wachs gibt jedem Eindruck nach. Alles beeindruckt, hinterlässt seine Spur, allerdings mit der Gefahr, dass die ursprüngliche Kontur des Wachses verloren geht. Umgekehrt verhält es sich mit Gummi. Es gibt einem Eindruck nach, aber anschließend kehrt es wieder in seine ursprüngliche Position zurück, als wäre nichts geschehen. Die Welt hinterlässt keine nachhaltige Spur. Droht dem Wachsmenschen der Verlust der Identität, setzt sich der Gummimensch der Gefahr aus, seiner Selbsterhaltung den Zusammenhang mit der Umwelt zu opfern. Er setzt sich der Gefahr aus, durch ständige Abwehr fremder Einflüsse, sich um die Entwicklungsmöglichkeiten zu bringen, die die Umgebung bereithält.

Dass diese zwei Grundstimmungen der menschlichen Seele, wie Rudolf Steiner im Vortrag äußert, «Dinge einer wirklichen Lebensweisheit sind», zeigt sich daran, wie sehr sich diese zwei Seiten der Seele in der Physiognomie des Menschen zeigen. Während das rechte menschliche Auge (vom Betrachter aus gesehen, das linke) einen prüfenden, urteilenden Blick wirft, wirkt das linke Augenlicht milder, es scheint in sich hineinzuschauen. Der unterschiedliche Ausdruck der beiden Gesichtshälften ist nicht groß; sobald man jedoch ein Gesicht durch Spiegelung aus zwei linken und zwei rechten Hälften montiert, zeigt sich eindrucksvoll, dass die Persönlichkeit sich erst aus diesen zwei gegeneinander strebenden Kräften bildet. Rembrandts Selbstbildnisse feiern dieses «offenbare Geheimnis» des Antlitzes. Auf den Gemälden ist die rechte Gesichtshälfte mit klarem, zielgerichteten Blick dem Betrachter zugewandt, während die linke im Halbdunkel träumend und mystisch wirkt. Dur und Moll, Tag und Nacht, weiblich und männlich, extrovertiert und introvertiert sind Gegensätze in denen sich diese zwei Seiten der menschlichen Seele spiegeln.

Friedrich Nietzsche hat in seinem Frühwerk *Die Geburt der Tragödie aus dem Geiste der Musik* mit dem Begriffspaar «dionysisch–apollinisch» Licht in diese Unterteilung gebracht. Im 19. und 20. Jahrhundert haben Maler wie William Turner und Claude Monet, stellvertretend für den Impressionismus, sowie die darauf folgenden expressionistischen Künstler, wie Wassily Kandinsky und Franz Marc, dieser Spannung künstlerische Tiefe verliehen.

Rudolf Steiner untersucht im Vortrag vom 10. März 1910 die Möglichkeiten und Gefährdungen der beiden Dispositionen der Seele; dabei sind es vor allem zwei Hinweise, die zu neuen Entdeckungen anregen und den Vortrag so lesenswert machen. Zum einen beschreibt er detailliert, wie für eine fruchtbare Auseinandersetzung mit einem Arbeitsfeld beide Seiten der Seele in richtiger Reihenfolge, der positive, wie der negative Mensch Hand in Hand gehen müssen, um der eigenen Persönlichkeit und der Welt gerecht zu werden. Zum anderen untersucht er die Wirkung, die Möglichkeit der Manipulation, die eine Betonung der linken oder rechten, der negativen oder positiven Seite auf Mitmenschen zur Folge hat. Rudolf Steiner rief seinen Zeitgenossen zu, man möge ihn verstehen und nicht verehren. Mit dem Blick auf die Folgen einseitiger Seelenausrichtung begründet er dies philosophisch und psychologisch.

Der positive
und der negative Mensch

Ein Vortrag von Rudolf Steiner
Berlin 10. März 1910

In Bezug auf das menschliche Seelenleben erblicken wir, wenn wir prüfend den Blick schweifen
lassen von Mensch zu Mensch, die allergrößte
Verschiedenheit. Wir haben auf typische Verschie-
denheiten der Menschen und ihre Gründe in Bezug
auf das Seelenleben im Laufe dieser Vorträge hinge-
wiesen; wir haben hingedeutet auf die Verschiedenheit der Menschenseelen in Bezug auf Charakter,
Temperament, in Bezug auf andere Inhalte des
Seelenlebens, Fähigkeiten, Kräfte und so weiter.
Eine bedeutsame Verschiedenheit zeigen uns nun
die Menschenseelen – und damit alle menschlichen Individualitäten – in Bezug auf das, was in
dem heutigen Vortrag betrachtet werden soll als
der positive und der negative Mensch. Nun möchte
ich mich gleich im Beginne des Vortrages dagegen
verwahren, dass diese Darstellung, die ganz in dem

Charakter der übrigen Vorträge gehalten sein soll, irgendetwas zu tun habe mit den dilettantischen, aber heute so gangbaren Darstellungen, welche diese Ausdrücke vom «positiven» und «negativen» Menschen gebrauchen. Was im heutigen Vortrage gesagt werden wird, werden wir ohne jegliche Beziehung zu solchen Bezeichnungen lediglich aus sich selbst heraus begreifen müssen.

Wir könnten uns nun zunächst umsehen nach einer Art Definition, nach einer Art Begriffserklärung dessen, was ein positiver und negativer Mensch ist. Wenn wir eine solche Begriffsbezeichnung aufstellen wollten, könnten wir etwa sagen: Im Sinne einer wahrhaftigen und tiefer eindringenden Seelen- und Menschenlehre können wir als einen «positiven» Menschen denjenigen bezeichnen, der gegenüber den auf ihn eindringenden äußeren Eindrücken die Festigkeit und Sicherheit seines Inneren bis zu einem gewissen Grade zu bewahren in der Lage ist; sodass er in diesem seinem Innern festumrissene Begriffe und Vorstellungen hat, eine gewisse Summe von Neigungen und Abneigungen, von Empfindungsimpulsen, in denen er nicht beirrt werden kann durch die Eindrücke, die im Außenleben in ihn einfließen. Ebenso kann als ein positiver Mensch derjenige bezeichnet werden, der für sein Handeln gewisse Triebe und Impulse hat, von denen er sich nicht durch jeden beliebigen Eindruck des Tages abbringen lässt. Und als einen «negativen» Menschen könnten wir denjenigen bezeichnen, der leicht sich den wechselnden Eindrücken des Lebens hingibt, der stark ergriffen wird von diesen oder jenen Vorstellungen, die ihm bei diesem oder jenem Menschen, in dieser oder jener Versammlung auftauchen, und durch die er leicht geneigt wird, das, was er nach einer gewissen Seite hin gedacht, gefühlt und empfunden hat, einer Änderung zu unterwerfen und etwas anderes in seine Seele aufzunehmen. In Bezug auf das Handeln könnten wir einen solchen Menschen als einen negativen bezeichnen, der sich von seinen Trieben und Impulsen des Handelns leicht durch alle möglichen Einflüsterungen dieses oder jenes Menschen abbringen lässt.

Damit hätten wir so ungefähr etwas gewonnen in Bezug auf den positiven und negativen

Menschen, was uns eine Art Definition sein kann. Aber gerade solchen ins Leben doch tief einschneidenden Eigenartigkeiten der menschlichen Natur gegenüber können wir uns leicht überzeugen, dass wir mit Begriffserklärungen, mit Definitionen im Grunde genommen sehr wenig gewonnen haben und dass das Streben nach solchen möglichst bequemen Begriffsvorstellungen ein ziemlich eitles ist. Denn wenn wir von einer solchen abstrakten Begriffsdefinition heruntersteigen ins wirkliche Leben, so können wir sagen: Ein Mensch mit starken Trieben, mit starken Leidenschaften, die seit der Kindheit ein gewisses Gepräge angenommen haben, die gewohnheitsmäßig im Leben dieselben bleiben, ein solcher Mensch wird sozusagen an sich alles Mögliche von guten, von schlimmen Beispielen und Vorbildern haben vorübergehen lassen und wird bei dem bleiben, was seine gewohnten Triebe und Leidenschaften sind. Er wird sich eigensinnig vielleicht diese oder jene Vorstellungen und Begriffe über dieses oder jenes gemacht haben, und man wird ihm Grün und Blau an Tatsachen und dergleichen vorbringen können:

Er wird bei seinen Vorstellungen bleiben, und es wird sich Hindernis über Hindernis auftürmen, um nur dieses oder jenes als eine ihn anders überzeugende Tatsache beizubringen. Ein solcher Mensch wäre ein sehr positiver Mensch, seine Positivität würde ihn aber zu nichts führen, als stumpf und eindruckslos durch das Leben hindurchzugehen, nichts zu sehen und nichts zu hören, was seinen Lebensinhalt bereichern und umfassender machen könnte. Einen anderen, der geneigt ist, in jedem Augenblicke in der hingebungsvollsten Weise neue Eindrücke aufzunehmen, der bereit ist, überall da, wo sich seinen gewohnten Vorstellungen gegenüber Tatsachen ergeben, die ihn erschüttern, diese Vorstellungen zu korrigieren, einen solchen Menschen könnten wir – vielleicht nach verhältnismäßig kurzer Zeit – einen ganz anderen werden sehen. Wir könnten sehen, wie er Epoche um Epoche seines Lebens durchmacht, von einem Inhalte seines Lebens zu einem anderen eilt, und er könnte uns vielleicht nach einiger Zeit erscheinen als ein völlig Verwandelter gegenüber einer früheren Lebensepoche. Und wenn wir ihn vergleichen mit einem solchen, der stumpf und eindruckslos durch das Leben geht, dann werden wir sagen können: Er hat sein Leben besser angewendet als der andere. Aber wir müssten ihn aus den angedeuteten Charaktereigenschaften heraus bezeichnen als einen negativen Menschen.

Wir könnten finden, dass irgendjemand mit einer robusten Natur, die sich gewohnheitsmäßig durch das Leben fortschleppt, durch die Mode der Zeit sich verleiten ließe, eine Reise durch ein Land zu machen, in welchem man große Kunstschätze sieht; aber er ist so positiv in all den Empfindungen, die er einmal in seiner Seele abgeladen hat, dass er an Kunstwerk und Kunstwerk vorbeigeht, höchstens einmal nachsieht im Baedeker, welches die bedeutendsten sind, und dass nach alledem – so «positiv» ist er –, wenn er nach Hause kommt, seine Seele gar nicht bereichert worden ist durch dieses Sich-Fortschleppen von Galerie zu Galerie, von schöner Landschaft zu schöner Landschaft. Es wäre also ein sehr positiver Mensch. Und es könnte einen Menschen geben, der ungefähr dasselbe durchmacht, aber mit einem solchen Charakter, den Sprossen dieser Leiter anzuhängen, nur wenn wir die Begriffe so betrachten, dass sie uns helfen, die Erscheinungen und Tatsachen des Lebens zu ordnen und zu regeln, können wir über so einschneidende Dinge als positiver und negativer Mensch dem Leben gegenüber zurechtkommen. Denn wir berühren damit in der Tat, indem wir auf diese Eigentümlichkeit der Menschenseele eingehen, etwas Allerwichtigstes. Die Sache wäre im Grunde genommen einfach, wenn man den Menschen nicht in der lebendigsten Weise zu denken hätte – wir haben das ja oftmals in diesen Vorträgen in seinem vollen Umfange hervorgehoben – lebendig darinnen stehend in dem, was wir «Entwickelung» nennen.

Wir sehen des Menschen Seele von Entwickelungsstufe zu Entwickelungsstufe eilen. Und wenn wir im wahren Sinne der Geisteswissenschaft sprechen, erscheint uns ja auch nicht dasjenige, was sich im Leben des einzelnen Menschen zwischen Geburt und Tod abspielt, als etwa gleichförmig verlaufend; denn wir wissen, dass dieses Leben zwischen Geburt und Tod nur die Wiederholung ist von vorhergehenden – und der Ausgangspunkt für nachfolgende Leben. Und wenn wir so das gesamte Menschenleben durch die verschiedenen Verkörperungen hindurch betrachten, kann es uns leicht einleuchtend sein, dass, wenn für irgendeinen Menschen in einem Leben zwischen Geburt und Tod die Entwickelung einmal langsamer verläuft, sodass er sein ganzes Leben hindurch auf denselben Charaktermerkmalen, auf demselben Vorstellungsinhalt beharrt, er dafür in einem anderen Leben umso mehr die Entwickelung nachzuholen hat, welche ihn zu anderen Stufen des menschlichen Seelenlebens führt. Die Betrachtung des einzelnen Lebens bleibt eben überall im höchsten Grade unzulänglich.

Wenn wir die Seele selber betrachten, wie sie sich uns in den vorhergehenden Vorträgen dargestellt hat, so können wir fragen: Wie kommen wir dieser Seele und ihrem Leben gegenüber zurecht mit den Andeutungen, die wir jetzt gewonnen haben über den positiven und negativen Menschen?

Wir haben in den früheren Vorträgen gezeigt, wie das Seelenleben des Menschen durchaus niemals zu einem wirklichen Wissen über die Weltengeheimnisse kommen, wenn wir nicht die äußeren Erlebnisse gleichsam auffädeln könnten an den Ideen, die wir nicht in der äußeren Welt sehen können, sondern die wir aus unserem Geiste der Außenwelt entgegenbringen, und wodurch wir erst die äußere Welt in der wahren Gestalt erklären und begreifen können. Dadurch bringt der Mensch schon ein geistiges Element in sein Inneres hinein, bereichert die Seele mit jenen Elementen, die sie niemals aus dem bloßen äußeren Leben gewinnen könnte.

Wie wir in dem Vortrage «Was ist Mystik?» geschildert haben, kann der Mensch zu einem höheren Seelenleben dadurch aufsteigen, dass er sich für eine Weile willkürlich den Eindrücken und Anregungen der Außenwelt verschließt, seine Seele leer macht und dann sich dem hingibt, was in seiner Seele aufflammen kann, was – nach einem Ausdruck des Meisters Eckhart – nur überleuchtet wird als ein kleines Fünklein von den wechselnden Tageserlebnissen, was aber aufflammen kann, wenn der Mensch sich ihm in innerer Versenkung hingibt. Ein solcher Mystiker steigt auf zu einem Leben über das gewöhnliche Seelenleben hinaus; er vertieft sich in die Weltengeheimnisse dadurch, dass er das an Geheimnissen in sich selber zur Offenbarung bringt, was in seine Seele hineingelegt ist von diesen Weltengeheimnissen. Und in einem folgenden Vortrage haben wir gesehen: Wenn der Mensch in Ergebenheit das Zukünftige erwartet, wenn er der Vergangenheit gegenüber sich so verhält, dass er ein Größeres in sich wohnen fühlt, als sich schon in ihm ausgebildet hat in seinem heutigen Dasein, dann wird er dazu gestimmt, das Größere, das über ihn hinausragt, anzubeten. Wir haben gesehen, dass der Mensch im Gebet über sich selbst hinauswächst in seinem Innern, dass er sich erhebt zu etwas, was er außen nicht sehen kann, was aber über sein gewöhnliches Leben hinausgeht. Und endlich haben wir gesehen, dass durch die eigentliche geistesforscherische Schulung, welche die drei Stufen der Imagination, der Inspiration und der Intuition erreicht, der Mensch hineinwächst in eine Welt, die dem gewöhnlichen Menschen so unbekannt ist, wie die Welt des Lichtes und der Farben dem blinden Auge unbekannt ist. – So haben wir ein Seelenwachstum gesehen, das über das normale hinausgeht, und wir blicken damit hinein in eine Entwickelung der menschlichen Seele durch die mannigfaltigsten Stadien hindurch.

Wenn wir den Menschen zwischen Geburt und Tod betrachten, werden wir sagen: Die Menschen um uns herum sind in Bezug auf ihre Entwickelung auf den verschiedensten Stufen. Der eine Mensch zeigt uns, wenn er ins Dasein tritt, dass er die Anlage hat zu dieser oder jener Stufe; und wir sehen, dass ihm ein gewisses Maß zugewiesen ist, innerhalb dessen er die Seele zu einem gewissen Grade führen kann, um das, was er sich errungen hat, dann mitzunehmen, wenn er durch die Pforte des Todes geht, und in einem neuen Leben weiterzuführen. So können wir Menschen ihren Charakteren nach auf den mannigfaltigsten Stufen finden. Wenn wir diese Menschen dann betrachten, wie sie von Stufe zu Stufe schreiten, werden uns die beiden Vorstellungen vom positiven und negativen Menschen nicht nur so begegnen, dass wir sagen:

der eine ist positiv, der andere ist negativ; sondern sie begegnen uns dann so, dass wir sie bei einem einzelnen Menschen in den aufeinanderfolgenden Entwickelungsstufen finden. Wir sehen einen Menschen, der im Beginne seiner Entwickelung stark hervortretende, eigensinnige Impulse in seiner Empfindungsseele hat, der sich uns zeigt mit bestimmten Trieben, Begierden und Leidenschaften bei einem verhältnismäßig noch dunklen, kaum gefühlten Ich-Mittelpunkt. Ein solcher Mensch ist zunächst ganz positiv. Er geht als ein positiver Mensch durch das Leben. Wenn er in dieser Form ein positiver Mensch bleiben müsste, würde er überhaupt nicht vorwärtskommen. Der Mensch muss im Laufe seiner Entwickelung von einem positiven Menschen, der er in Bezug auf gewisse Eigenschaften auf einer untergeordneten Entwickelungsstufe ist, zu einem negativen werden; denn das, was der Mensch in seine Entwickelung aufnehmen soll, muss an ihn herankommen können. Wer nicht sozusagen durch Unterdrückung gewisser positiver Eigenschaften, die in seiner Empfindungsseele gegeben sind, sich bereit machen wollte, dass neue Eindrücke, die er noch nicht in seiner Seele hat, in ihn einfließen können und sich mit seiner Seele vereinigen, dass sie ein Inhalt der Seele werden; ein Mensch, der also nicht imstande wäre, über einen gewissen Grad von Positivität, den ihm die Natur ohne sein Zutun verliehen hat, sich hinauszuheben zu einer gewissen Negativität, um neue Eindrücke aufzunehmen, der könnte nicht weiterkommen.

Da liegt die Notwendigkeit ausgesprochen, dass in der Tat der Mensch im Verlaufe seiner Entwickelung positive Eigenschaften überwinden muss, sich sozusagen selber negativ machen muss, damit er einen neuen Seeleninhalt aufnehmen kann. Damit aber berühren wir etwas, was gleichzeitig für das Seelenleben notwendig ist und was in gewisser Weise auch eine Gefahr bedeuten kann. Wir berühren ein Kapitel unseres Seelenlebens, das uns so recht veranschaulicht, wie nur intime Seelenkunde uns sicher durch das Leben leiten kann. Denn es kann sich zeigen, wie der Mensch gar nicht vorwärtskommen kann, wenn er gewisse Gefahren des Seelenlebens scheuen würde. Und gewisse

Gefahren sind beim negativen Seelenleben immer vorhanden; denn ein Mensch mit einem negativen Seelenleben ist den äußeren Eindrücken hingegeben. Der negative Mensch ist eben ein solcher, in welchen die Eindrücke einfließen, der eins wird mit den äußeren Eindrücken, sich mit ihnen vereinigt. Damit ist es aber schon gegeben, dass der negative Mensch nicht nur gute äußere Eindrücke aufnehmen kann, sondern auch schlimme und gefährliche. Was sich uns darstellt bei der Betrachtung eines Menschen mit negativen Seeleneigentümlichkeiten, ist namentlich das Folgende:

Wer einen negativen Zug hat in seiner ganzen Seele, der wird, wenn er anderen Menschen gegenübertritt, leicht durch allerlei Dinge, die nichts zu tun haben zum Beispiel mit Vernunft und Urteil, hingerissen werden, dasjenige aufzunehmen, was von dem anderen Menschen ausgeht – nicht nur das, was sie ihm sagen, sondern auch das, was sie tun –, und nachzuahmen ihre Beispiele, ihre Handlungen; er wird leicht werden können wie die anderen Menschen. Damit ist ein solcher negativer Mensch in die Möglichkeit versetzt, zwar den guten

fern gelegen hat; der Redner selbst überzeugt ihn vielleicht nicht so stark als der allgemeine Jubel der übrigen Zuhörer. Er wird auch davon ergriffen und geht überzeugt hinaus.

Dieses Suggestive in der Massenstimmung spielt eine ungeheure Rolle im Leben. Das kann uns aber auch verdeutlichen, wo die Gefahren liegen gegenüber dem, was wir die negative Seelenstimmung nennen. Darauf beruht auch das Gefahrvolle aller Sektenbildung. Wozu man oft einen einzelnen Menschen nicht leicht bringen könnte, wenn man versuchte, ihn zu diesem oder jenem zu überzeugen, das ist verhältnismäßig leicht, wenn man eine Art von Sekte zusammen hat. Da ist immer eine Massenstimmung vorhanden; da wirkt Seele auf Seele. Und da sind es besonders die sogenannten negativen Naturen, die ausgeliefert sind dem, was Massenstimmung, Sektenstimmung ist. Da liegen ganz gewaltige Gefahren für die negative Seele.

Wir können noch weiter gehen. Wir haben in den vorherigen Vorträgen geschildert, wie sich die Seele durch die Entwickelung hinaufleben kann in höhere Regionen des geistigen Lebens. Und Sie finden in meiner Schrift *Die Geheimwissenschaft im Umriss* dargestellt, wie die Seele es machen muss, um eine gewisse Stufe in ihrer Entwickelung zu überschreiten und in höhere Gebiete hinaufzukommen. Da muss die Seele immer etwas unterdrücken, muss zunächst etwas Positives unterdrücken und muss sich offen machen für neue Eindrücke, muss sich gleichsam künstlich in eine negative Stimmung versetzen. Ohne dieses künstlich sich in eine neue Stimmung Versetzen geht es gar nicht. Wir haben ja oft hervorgehoben, was der Geistesforscher tun muss, wenn er zu höheren Stufen des Daseins hinaufkommen will. Was im gewöhnlichen Leben des Menschen beim Einschlafen eintritt, dass die Seele leer wird von äußeren Anregungen, dieses Versinken in den Schlaf muss der Geistesforscher willkürlich, bewusst herstellen. Er muss sich bewusst in die Stimmung versetzen, wodurch alle äußeren Eindrücke des Tages aufhören, sodass die Seele ganz leer wird. Dann muss sich die Seele hingeben können den Eindrücken, die zunächst, wenn der Betreffende im Beginne seiner Übungen steht, ganz neu sind; das heißt, er muss sich so negativ wie möglich machen. Und alles, was wir im mystischen Leben, im Erkennen der höheren Welten nennen «innere Beschaulichkeit», «innere Versenkung», das bringt im Grunde genommen negative Seelenstimmungen hervor. Das ist gar nicht zu umgehen. Wenn der Mensch die Anregungen der Außenwelt unterdrückt und bewusst einen Zustand herstellt, durch den er ganz in sich versenkt ist und nichts hineinlässt von dem, was ihn bisher als positiver Mensch ausgefüllt hat, dann ist er in einem negativen, selbstbeschaulichen Zustand.

Ja, auch dann schon tritt etwas Ähnliches ein, wenn der Mensch die etwas bequemeren äußeren Mittel anwendet, die zwar ein höheres Leben nicht herbeiführen können, die aber dem, der in die höheren Welten hinaufsteigen will, eine gewisse Unterstützung gewähren: wenn er von dem, was sonst die positiven Triebe im Menschen auch animalisch fördert, übergeht zu einer besonderen Diät, zum Beispiel zur vegetarischen oder einer ähnlichen. Nicht dadurch, dass man Vegetarier wird oder dieses oder jenes nicht isst, kann man sich in die höheren Welten hinaufbefördern; das wäre allerdings zu bequem, wenn der Mensch sich in die höhere Welt «hinaufessen» könnte; denn was in die höheren Welten hinaufführt, ist das Arbeiten an der eigenen Seele. Diese Arbeit wird aber erleichtert, wenn wir die äußere Leiblichkeit entlasten von den schwächenden Einflüssen, die eine gewisse Ernährung auf den Menschen haben kann. Wer ein höheres, geistiges Leben führen will, der wird sich überzeugen, wie seine Kräfte wachsen, wenn er eine bestimmte Diät befolgt. Aber wenn man gewisse Nahrungsmittel fortlässt, die dem Menschen das Positive, das robust Festlegende geben, so kommt man durch dieses Weglassen auch in eine Negativität hinein. Wer auf dem Boden wahrer, echter, nicht scharlatanhafter Geisteswissenschaft steht, der wird niemals leugnen, was einfach den Tatsachen gemäß mit einem wirklichen geistigen Leben in Verbindung stehen muss – auch schon durch äußere Dinge, welche mit einem geistigen Leben verbunden sind. Damit wird der Mensch in gewisser Weise in Gefahr kommen, auch den schlechten geistigen

Einflüssen zugänglich zu werden. Wie wir, wenn wir uns geistesforscherisch bilden und uns leer machen von den Eindrücken des Tages, zugänglich werden den geistigen Tatsachen und Wesenheiten, die immer in unserer Umgebung sind, und zwar den guten geistigen Mächten und Kräften zugänglich werden, die wir erst wahrnehmen lernen, wenn das Organ dafür offen ist, so werden wir auch den schlimmen geistigen Mächten und Kräften zugänglich; denn die sind damit verbunden. Genauso, wie wir auch missklingende Töne hören, wenn wir wohllautende Töne hören wollen. Wenn wir in die geistige Welt eindringen wollen, müssen wir uns auch klar sein, dass wir nach der schlimmen Seite geistige Erfahrungen machen können. Wenn wir nur nach der negativen Seite hingegeben wären der geistigen Welt, könnte Gefahr über Gefahr unser geistiges Leben bedrohen.

Wenn wir zunächst noch absehen von der geistigen Welt und einer geistigen Entwickelung selber und uns auf den Horizont des gewöhnlichen Lebens stellen, so können wir schon fragen: Wie wirkt das auf den Menschen, was ihn zunächst negativ macht, zum Beispiel eine vegetarische Diät? – Wenn der Mensch einfach aus einem agitatorischen Eigensinn heraus Vegetarier wird, ohne ein sachgemäßes Urteil einzuholen oder aus einem Prinzip heraus, ohne dass er in seiner seelischen Lebens- und Handlungsweise etwas ändert, dann wird dieses Übergehen zur vegetarischen Diät ihn unter Umständen recht sehr schwach machen gegenüber diesen oder jenen Lebenseinflüssen, und er wird vielleicht besonders in Bezug auf gewisse leibliche Eigenschaften herunterkommen können. Wenn aber jemand überzugehen hat zu einem Leben der Initiative, wenn er sich neue Aufgaben des Lebens zu setzen hat, die sich ihm stellen nicht aus dem äußeren Leben, sondern aus einem reichen, in sich entwickelten Seelenleben heraus, wenn er neuen Inhalt in sein Leben hineinbringt, dann kann es ihm ungeheuer nützen, wenn er auch in Bezug auf die Diät in eine neue Lebensweise eintritt und sich die Hindernisse, die aus der alten Diät kommen können, aus dem Wege schafft.

Die Dinge sind in ganz verschiedener Weise wirksam; das zeigt sich aber nur für den, der das

Leben intim betrachtet. Weil diese Dinge dem wahren Geistesforscher bekannt sind, darum betont er so stark, was hier schon oft betont worden ist: dass der wahre Geistesforscher niemand die Mittel geben wird, sich in die höheren Welten hinaufzuerheben, ohne ihn zugleich darauf aufmerksam zu machen, dass man nicht bloß die negativen Eigenschaften der Seele, die notwendig sind zum Empfangen neuer Eindrücke, nicht bloß Beschaulichkeit und Versenktsein in sein Inneres entwickelt, sondern zu gleicher Zeit dem Leben, das eine neue Stufe erklimmen soll, einen mächtigen, es haltenden und es ausfüllenden Inhalt gibt. Wem man die Mittel an die Hand gibt, Kraft zu entwickeln, um in die geistige Welt hineinzuschauen, den würde man durch die damit verbundene Negativität auch in die Lage versetzen, allen möglichen schlimmen geistigen Kräften ausgesetzt zu sein. Wenn man aber bei jemand, der in die geistige Welt eindringen will, zugleich den guten Willen findet, sich aus den Mitteilungen der Geistesforscher heraus damit bekannt zu machen, was es in den höheren Welten gibt, dann wird ein solcher

in keinem Augenblicke bloß der Negativität hingegeben sein; sondern er wird etwas haben, was die
Seele auf einer höheren Stufe mit einem positiven
Inhalt ausfüllen kann. Deshalb wird so oft betont,
man solle nicht nur nach höheren Stufen der Seele
suchen, sondern parallel gehen lassen ein sorgfäl-
tiges Studieren dessen, was aus der Geisteswissenschaft heraus als Mitteilung gegeben werden
kann. Daher wird gerade in der Geistesforschung
berücksichtigt, dass der Mensch, wenn er neue
Welten erleben soll, notwendig in eine Negativität
hineinkommt.

Aber was wir so hervorrufen müssen, wenn
wir die Seele bewusst entwickeln, das tritt uns
an verschiedenen Menschen draußen im Dasein
entgegen, weil ja nicht nur im gegenwärtigen
Leben die Seele eine Entwickelung durchmacht,
sondern schon in früheren Leben Entwickelungen
durchgemacht hat und bereits auf einer bestimmten
Stufe ins Dasein tritt. Wie wir im gegenwärtigen
Leben von Stufe zu Stufe eilen und, wenn wir zu
einer positiven Stufe kommen wollen, dazwischen
negative Seeleneigenschaften ausbilden müssen,

so können wir auch einen solchen Abschluss gehabt haben, als wir das letzte Mal durch die Pforte des Todes gingen und in ein nächstes Leben mit vorwiegend negativen oder auch positiven Eigenschaften eintraten. Was dazu angetan ist, uns in das Leben mit positiven Eigenschaften hereintreten zu lassen, das wird uns so lassen, wie wir sind, und wird ein Hemmschuh höherer Entwickelung sein; denn was uns an Anlagen zu positiven Eigenschaften gegeben ist, gibt einen scharf ausgeprägten Seelencharakter. Die Anlage zu einer negativen Seelenstimmung gibt uns zwar die Möglichkeit, dass wir zwischen Geburt und Tod viel in unser Seelenleben hineinführen; aber sie liefert uns auch all den Wechselfällen des Lebens aus, vor allem aber den wechselnden Eindrücken, die wir von den anderen Menschen empfangen. Daher können wir besonders sehen, wenn ein Mensch mit negativer Seelenstimmung anderen Menschen gegenübertritt, wie die Eigenschaften dieser anderen Menschen auf ihn abfärben. So kann ein negativer Mensch, wenn er einem Freunde oder jemandem, mit dem er sonst im Verhältnis einer

Neigung steht, nahe tritt, wirklich erfahren, wie er immer ähnlicher und ähnlicher dem anderen wird. Menschen mit negativer Eigenschaft in Ehe oder Freundschaft werden sogar die Schriftzüge des anderen annehmen. Wer das Leben so betrachtet, der wird sehen, wie die Schriftzüge des einen Ehegatten mit negativer Seelenanlage immer ähnlicher werden den Schriftzügen des anderen.

So sind wir als negative Menschen den wechselnden Einflüssen anderer Menschen, namentlich derer, welchen wir nahe treten, hingegeben. Dadurch sind wir als negative Seelen sogar in gewisser Weise der Gefahr der Entselbstung ausgesetzt, sodass unser eigenes Seelenleben, unser eigenes Ich ausgelöscht werden kann. Das ist die Gefahr des negativen Menschen.

Die Gefahr des positiven Menschen ist die, dass er Eindrücke von den anderen Menschen nicht leicht aufnimmt, dass Eigenschaften des anderen nicht leicht in seine Seele hineingehen, dass er an allen anderen Menschen vorübergeht, sich nicht anschließen kann, nicht Freundschaften, nicht Neigungen im Leben finden kann. Es ist die

Gefahr des positiven Menschen, dass er verhärtet und verödet bleiben kann in Bezug auf seine Seele. Aber auch sonst dem Leben gegenüber zeigt sich, wie die positiven Eigenschaften und negativen Eigenschaften in der Seele wirksam sind. Und es ist tatsächlich tief hineinführend in das Leben, wenn wir die Menschen unter diesem Gesichtspunkte des positiven und des negativen Menschen betrachten; auch da, wo der Mensch der Natur gegenübersteht. Wer das Leben wirklich intim zu betrachten vermag, wird sogar an den Einflüssen der Natur auf den Menschen positive und negative Wirkungen unterscheiden können. Was wirkt denn vorzugsweise von einem Menschen auf den anderen? Was wirkt denn vorzugsweise dann, wenn der Mensch äußere Eindrücke empfängt?

Es gibt eines, was in gewisser Weise die Seele immer positiver macht. Das ist für den gegenwärtigen Menschen in seiner heutigen normalen Entwickelung – gleichgültig, welche Stufe des Lebens er erreicht hat – das Urteil, die vernünftige Erwägung, das Sich-klar-Werden über irgendeine Situation, über irgendein Lebensverhältnis. Das macht immer in gewisser Weise positiv. Dagegen ist das Verlieren des gesunden, selbstbewussten Urteils immer etwas, was die Seele negativ macht, was Eindrücke in die Seele hineinsendet, ohne dass sie sich durch positive Eigenschaften dagegen wehren kann. Ja, selbst das können wir sehen, dass menschliche Eigenschaften, wenn sie heruntertreten in die Sphäre des Unbewussten, stärker auf den anderen Menschen wirken, als wenn sie von der Sphäre des gesunden Urteils ausgehen, von der Sphäre der ordentlichen, selbstbewussten Urteilskraft. Man muss es ja leider im Leben vielfach erfahren – und gerade in einer geisteswissenschaftlichen Bewegung: Wenn Mitteilungen aus der geistigen Welt gegeben werden, die durchaus gekleidet sind in eine festgeschürzte Logik, Mitteilungen, welche gerade in dieselben Formen des Urteils sich kleiden, die man auch sonst im Leben anerkennt, dann gehen die Menschen solchen Mitteilungen sogar gern aus dem Wege; das lassen sich die Menschen leider durchaus nicht gefallen, dass in vernunftgemäßer Weise, schön die Tatsachen nach Ursache und Wirkung fortführend, Mitteilungen aus den geistigen Welten gegeben werden. Wenn diese Mitteilungen aber so gegeben werden, dass man sich in gewisser Weise des Urteils entschlagen kann, dass man das Urteil übersehen kann, dann sind die Menschen leicht zu gewinnen für Mitteilungen aus der geistigen Welt. Es gibt sogar Menschen, die im höchsten Grade argwöhnisch sind denen gegenüber, welche mit gesunder Vernunft Mitteilungen aus der geistigen Welt geben, dagegen sehr gläubig gegenüber solchen, welche im medialen Zustande, wie inspiriert von einer unbewussten Macht, derartige Mitteilungen in die Welt setzen. Diese Menschen, die nicht wissen, was sie sagen, die mehr sagen, als sie selbst wissen, sie finden sogar mehr Gläubige als die, welche genau wissen, was sie sagen. Es wird vielfach gesagt: Wie kann jemand über die geistige Welt etwas sagen, der nicht wenigstens in einem halb außerbewussten Zustande ist, sodass man sieht, dass er von einer fremden Macht besessen ist! – Das gilt vielfach als Grund gegen die Mitteilung von Tatsachen aus der geistigen Welt, die bewusst gegeben werden.

Daher ist das Laufen zu Medien viel beliebter als dasjenige, was in den Formen und Begründungen einer gesunden Vernunft aus der geistigen Welt den Menschen geboten wird.

Wenn aber das, was aus der geistigen Welt kommt, heruntergetaucht wird in eine Region, wo die Bewusstheit ausgeschlossen ist, ausgeschlossen wird, ist immer die Gefahr vorhanden, dass es auf die negativen Seeleneigenschaften wirkt; denn da treten immer die negativen Eigenschaften in Kraft, wo etwas aus dunklen, unterbewussten Gründen an den Menschen herantritt. Wenn wir das Leben genauer betrachten, können wir immer wieder sehen, dass der Dümmere durch seine positiven Eigenschaften eine stärkere Wirkung selbst auf den Weiseren hat, dass dieser sehr leicht demjenigen verfällt, was aus einer nicht so gesunden Vernunft, wie er selbst sie hat, aus irgendwelchen dunklen Tiefen zutage gebracht wird. Daher können wir es begreifen, wie im Leben feinere Naturen mit einer fein ausgearbeiteten Vernunft ausgeliefert sind Leuten mit einem robusten Vorstellungsvermögen, die alles aus ihren Trieben und Neigungen heraus behaupten. Man würde das Leben durchaus verstehen, wenn man noch weiter ginge. Man würde dann auch sehen, wie sich die merkwürdige Tatsache darstellt, dass einem Menschen jemand gegenüber-treten kann, der nicht nur seine gesunde Vernunft zuweilen verleugnet, sondern der in Bezug auf seine Vernunft angekränkelt ist und aus einem ange-kränkelten Bewusstsein heraus dieses oder jenes behauptet. Solange das Krankhafte nicht bemerkt wird, sind feinere Naturen solchen Menschen, welche aus einer krankhaften Seelenverfassung etwas behaupten, ungemein stark ausgeliefert. Alle diese Dinge gehören zu einer wirklichen Lebens-weisheit; und wir können sie nur richtig ins Auge fassen, wenn wir uns klar sind, dass der Mensch, der nach der einen Seite hin positive Seeleneigen-schaften hat, auch namentlich für die gesunde Vernunft gar nicht zugänglich zu sein braucht, dass dagegen ein Mensch mit negativen Eigenschaften dem zugänglich ist, wofür er nichts kann, und worin die Vernunft gar nicht hineinleuchten kann. Diese Dinge müssen für eine feinere Seelenkunde durchaus berücksichtigt werden.

Aber auch wenn wir nicht Eindrücke von Menschen in Betracht ziehen, sondern jene Eindrücke, die von der sonstigen Umgebung des Menschen in die Seele kommen, ins Auge fassen, können wir Wichtiges und Bedeutungsvolles gewinnen, wenn wir von dem Gesichtspunkt des positiven und des negativen Menschen ausgehen. Denken wir uns zum Beispiel, irgendein Forscher bearbeitet ein ganz bestimmtes Gebiet, und nehmen wir an, er ist ein sehr fruchtbarer Forscher, der viele einzelne Tatsachen der äußeren Welt verarbeitet, rein tatsachenmäßig. Dadurch wirkt er zum Heile der Menschheit. Nun aber verbindet er diese Tatsachen nach den Vorurteilen seiner Seele, nach alledem, was er aus Erziehung und aus seinem vorhergehenden Leben gewonnen hat, durch eine bestimmte Theorie und Weltanschauung, die vielleicht gar nichts anderes darstellt als eine ganz einseitige Auslegung der Tatsachen. Dieser Mensch wird mit den Begriffen und Ideen, die er aus den Tatsachen gewonnen hat – wenn er sie nur selbst durch sein eigenes Nachdenken gewonnen hat –, durchaus etwas haben, was in gesundender Weise auf seine Seele wirken kann; denn es ist dadurch, dass er es sich selbst als seine Weltanschauung erarbeitet hat, etwas, was seine Seele mit positiver Stimmung erfüllt. Nehmen wir aber an, es kommen jetzt Bekenner und Anhänger, die nicht an den Tatsachen selbst sich die Ideen erarbeiten, sondern sie hören oder lesen; die nicht jene Gefühle haben, welche sich der betreffende Forscher im Laboratorium und Kabinett erarbeitet hat: Bei einem ganzen Heere von Anhängern kann das alles negativen Seeleneigenschaften entsprechen. Dasselbe Glaubensbekenntnis können wir bei einem Schulhaupt, das einer einseitigen Richtung sich hingibt, als die Seele positiv machend anschauen; und bei einem ganzen Heere von Anhängern, die nur nachbeten, womit der andere seine Seele erfüllt hat, kann dasselbe durchaus negativen Eigenschaften entsprechen und ungesund wirken, kann sie immer schwächer und negativer machen.

Das ist etwas, was uns durch die ganze Geschichte des menschlichen Geisteslebens auffallen muss. Wir können auch heute sehen, wie Menschen mit einer ganz materialistisch-mechanistischen Weltanschauung, die sie sich selbst mit Fleiß aus ihren Tatsachen erarbeitet haben, durchaus frische, erfreuliche, positive Naturen sind, die uns als entzückende Charaktere entgegentreten. Bei ihren Anhängern aber, die im Grunde genommen in ihren Köpfen dieselben Vorstellungen tragen, die sie aber nicht selbst gewonnen haben, da zeigen sich diese Vorstellungen entsprechend einer ungesunden, negativen, schwächenden Seelenverfassung. Deshalb können wir die Tatsache verzeichnen, dass es ein Unterschied ist, ob man sich eine Weltanschauung selber erwirbt oder sie bloß annimmt: Das eine Mal entspricht sie positiven, das andere Mal negativen Seeleneigenschaften. Diese Dinge kreuzen sich durchaus überall im Leben.

So können wir sehen, wie uns unsere Stellung zur Welt sowohl positiv wie auch negativ machen kann. Negativ machen kann uns zum Beispiel eine rein theoretische Naturbetrachtung; überhaupt das, was wir nicht sehen können. Aber um eine gewisse Stufe zu erreichen, müssen wir auch Negatives in uns hineinbringen. Es muss auch theoretische Naturerkenntnis geben. Man darf sich aber deshalb nicht der Einsicht verschließen, dass theoretische Naturerkenntnis – das Systematisieren der Tiere, Pflanzen, Mineralien und was daraus folgt als Naturgesetze in Begriffen und Ideen – auf unsere Seele so wirkt, dass wir mit unserem negativen Charakter dem hingegeben sind. Dagegen wirkt alles, was wir charakterisieren können als Aufnehmen der Natur im Ganzen und Großen, mit lebendigem Gefühl, so auf unsere Seele, dass es die positive Seelenstimmung wachruft; zum Beispiel das Entzücktsein über die Pflanzenblüte, die wir nicht zergliedern, sondern in ihrer Schönheit auf uns wirken lassen, das Hingegebensein an die Morgenröte, die wir nicht astronomisch prüfen, sondern in ihrer glanzvollen Herrlichkeit betrachten. Denn bei allem, was wir aus irgendeiner Weltanschauung aufnehmen, sind wir nicht mit der Seele dabei; wir lassen es uns diktieren von anderen. Aber wir sind mit unserer ganzen Seele dabei, wenn wir entzückt oder abgestoßen sein können von den Naturerscheinungen. Was wahr ist an der Natur, das kümmert sich nicht um unser Ich; aber was uns entzücken oder abstoßen kann, das muss sich um unser Ich kümmern; denn je nachdem unser Ich ist, gehen wir entzückt oder abgestoßen an der Natur vorbei.

So können wir sagen: Das lebendige Sich-Einfügen in die Natur kultiviert in uns die positive Stimmung; das Theoretisieren über die Natur kultiviert negative Seelenstimmung. Das aber wieder verschränkt sich mit dem, was vorher gesagt worden ist: dass derjenige, der zuerst eine Reihe von Naturerscheinungen zergliedert, viel mehr positiv wirkt als der, der die Erkenntnisse des anderen aufnimmt und lernt. Das sollte man in aller wahren Pädagogik berücksichtigen. Und damit hängt zusammen, dass überall da, wo man ein Bewusstsein gehabt hat von den Dingen, die jetzt dargestellt worden sind, darauf gesehen wurde, dass der Mensch niemals nur die negativen Eigenschaften kultiviert in der Seele. Warum hat Plato vor die Pforte seines philosophischen Tempels die Worte geschrieben: Nur wer mit der Geometrie bekannt ist, solle eintreten! – Das geschah aus dem Grunde, weil Geometrie, Mathematik zu denjenigen Betätigungen des menschlichen Seelenlebens gehören, die man gar nicht in Wahrheit auf Autorität hin annehmen kann. Geometrie ist etwas, was man wirklich mit der inneren Seele durchdringen muss, was man sich erarbeiten muss und was man immer nur durch eine positive Seelentätigkeit erringen kann. Würde man das heute berücksichtigen, so würde es einen großen Teil der Weltanschauungssysteme, die die Welt heute durchschwirren, gar nicht geben. Denn wer da weiß, wie man sich ein solches Begriffssystem wie das geometrische positiv erarbeitet, der hat Respekt vor der inneren Tätigkeit des Menschen. Wer zum Beispiel Haeckels *Welträtsel* liest und keinen Begriff hat, wie man sich so etwas erarbeitet, der wird leicht ein neues Weltanschauungssystem produzieren können. Er braucht dazu nur die Begriffe ein wenig zu ändern; dabei arbeitet er aber aus lauter negativer Seelenstimmung heraus.

So liegt für einen Menschen etwas das Positive unbedingt Kultivierendes in der Geisteswissenschaft oder Anthroposophie. Wenn der Mensch nach den heute beliebten Methoden, zum Beispiel in Lichtbildern oder anderen Demonstrationen, diese oder jene Errungenschaften der Gegenwart vorgeführt erhält, diese oder jene Tiere oder Naturerscheinungen in Lichtbildern sehen kann, dann ist er ganz passiv dem hingegeben, und seine Seelenstimmung ist negativ; er braucht gar keine positiven Eigenschaften zu entwickeln, er braucht gar nicht nachzudenken. Man kann dabei dem Menschen zum Beispiel die verschiedenen Phasen eines über das Gebirge herabgleitenden Gletschers vorführen und anderes. Das ist ein Beweis dafür, wie man heute die negativen Eigenschaften der Menschen liebt. So einfach hat es die Anthroposophie nicht. Sie kann höchstens ihre Dinge symbolisch in Lichtbildern vorführen. Für die Dinge, welche in die geistige Welt hinaufführen, gibt es kein anderes Eingangstor als das menschliche Seelenleben. Wer wirklich fruchtbar in die Geisteswissenschaft eindringen will, muss es daher schon hinnehmen, dass ihm über die wichtigsten Sachen gar nichts demonstrativ vorgeführt wird. Er ist darauf angewiesen, dass er in seiner Seele selber mitarbeitet, sodass er die positivsten Stimmungen aus der Seele herauslösen muss. Deshalb ist aber die Geisteswissenschaft im eminentesten Sinne dazu geeignet, die positiven Eigenschaften der Menschenseele zu kultivieren. Darin liegt auch das Gesunde einer solchen Weltanschauung, die gar keinen anderen Anspruch macht als das Wachrufen der in der menschlichen Seele liegenden Kräfte. Indem Anthroposophie appelliert an ein in jeder Seele Selbsttätiges, ruft sie das heraus, was in der Seele selbst verborgen liegt, um zu durchdringen alle Säfte und Kräfte des Leibes, und was im vollsten Sinne gesundend wirkt auf den ganzen Menschen. Und da die Anthroposophie nicht an etwas anderes appelliert als an die gesunde Vernunft, die nicht durch Massensuggestion hervorgerufen werden kann, sondern nur durch das Verständnis des Einzelnen, und da sie auf alles verzichtet, was durch Massensuggestion hervorgerufen werden kann, so rechnet sie gerade mit den positivsten Seeleneigenschaften des Menschen.

Damit haben wir ungeschminkt zusammengetragen, was uns zeigt, wie der Mensch unter den beiden Strömungen des Lebens, dem Positiven und Negativen, steht. Der Mensch kann sich zu höheren Stufen nicht anders entwickeln, als dass er eine untere positive Stufe verlässt, sich in eine negative Stimmung versetzt und in dieser Stimmung einen neuen Inhalt aufnimmt und sich so damit durchsetzt, dass er wieder auf einer höheren Stufe positiv wirksam werden kann. Wer die Natur richtig zu beachten versteht, der weiß, wie es die Weisheit der Welt macht, um den Menschen von einem Positiven zu einem Negativen und von einem Negativen wieder zu einem neuen Positiven zu führen.

Es ist schön, von diesem Gesichtspunkt aus eine Einzelheit zu betrachten, zum Beispiel die berühmte Definition des *Aristoteles* über das Tragische. Eine Tragödie, sagt er, führt uns vor eine abgeschlossene Handlung in der Weise, dass bei dem Zuschauer ausgelöst werden Furcht und Mitleid, aber so, dass Furcht und Mitleid eine Katharsis, eine Läuterung durchmachen. Der Mensch, der mit allem gewöhnlichen Egoismus ins Dasein tritt, ist in seinem Egoismus zunächst sehr positiv; er schließt sich in sich ab, er verhärtet sich. Man wird zunächst in gewissem Sinne sehr negativ, wenn man mit den anderen Menschen ihr Leiden mitfühlt, ihre Freude empfindet wie die eigene. Man wird in gewissem Sinne dadurch negativ, dass man aus seinem Ich herausgeht und Mitleiden, Mitfühlen entwickelt. Und man wird auch negativ dadurch, dass man sich vertieft in das, was wie ein unbestimmtes Schicksal über einem Menschen waltet; dass man sich vertieft in das, was aus den Handlungen eines Menschen, mit dem wir sympathisieren, morgen werden kann. Oder wer kennt nicht jenes Beben, das wir einem Menschen gegenüber haben, der irgendeiner Verrichtung zueilt, sodass ihn vielleicht morgen ein Unglück treffen kann, das wir voraussehen, während er aus seinen Impulsen heraus nicht anders kann, als diese Handlung vollziehen. Wir fürchten uns vor dem, was eintreten mag. Dadurch werden wir aber in eine negative Seelenstimmung versetzt; denn Furcht ist eine negative Seelenstimmung. Aber wir würden teilnahmslos werden gegenüber dem Leben, wenn wir nicht mehr fürchten könnten mit dem, was einer unbestimmten Zukunft entgegengeht. So werden wir negativ durch Mitfühlen und Furcht. Damit wir aber positiv werden können, führt uns die Tragödie das Bild eines Helden vor, an dessen Handlungen wir Mitgefühl empfinden sollen, und dessen Schicksal uns zunächst so entgegentritt, dass unsere Furcht erregt wird; aber zu gleicher Zeit wird uns durch die ganze Abgeschlossenheit der Handlung das Bild des Helden so vorgeführt, dass Furcht und Mitleid sich läutern, dass sie aus negativen Eigenschaften sich umwandeln in harmonische Befriedigung, die wir an dem Kunstwerk haben und wiederum in das Positive sich herauferheben.

So stellt uns die Definition des alten griechischen Philosophen an dem Kunstwerk dar, wie die Kunst ein Element im Leben ist, das einer notwendigen negativen Seelenstimmung entgegenkommt, um sie umzuwandeln ins Positive. Der künstlerische Schein führt uns auf eine höhere Stufe hinauf in allen seinen Gebieten, wo wir zunächst negativ werden müssen, um aus einem unentwickelten Seelenleben herauszukommen. In der Schönheit müssen wir zunächst dasjenige anschauen, was sich uns entgegenstellen soll, weil wir sonst nicht über unsere gegenwärtige Stufe hinauskommen würden. Dann aber überzieht sich auch das andere Leben durchaus mit dem Glanz einer höheren Seelenstimmung, wenn wir zuerst durch die Kunst auf eine höhere Seelenstufe heraufgehoben worden sind.

So sehen wir, wie nicht nur im Leben des Einzelnen, sondern wie auch im Gesamtleben der Menschheit das Positive und Negative abwechselt, wie es immerzu beiträgt zur Erhöhung des einzelnen Menschen von Inkarnation zu Inkarnation, aber auch des Lebens der ganzen Menschheit. Wir könnten leicht, wenn wir dazu Zeit hätten, zeigen, wie es positive Zeitalter und Epochen gegeben hat; wir könnten ganze Zeitalter als positive geschichtliche Menschheitszeitalter beschreiben, andere als negative und so weiter. In alle einzelnen Sphären des Seelenlebens, und damit des Menschenlebens überhaupt, leuchtet die Idee des Positiven und Negativen hinein. Sie tritt nicht so auf, dass nun der eine Mensch ein positiver und der andere ein negativer ist; sondern es geht jeden Menschen an. Jeder muss auf den verschiedenen Stufen des Daseins durch positive und negative Zustände hindurchgehen. Erst wenn wir die Sache so erblicken, wird sie uns eine Lebenswahrheit und dadurch die Grundlage zu einer Lebenspraxis. Daher kann sich uns auch bei dieser Betrachtung ein Wort bestätigen, das wir an die Spitze und an den Schluss eines dieser Vorträge gestellt haben, das Wort des alten griechischen Philosophen Heraklit, den man, weil er so tief in das menschliche Leben hineinzuschauen vermochte, den «Dunklen» genannt hat: «Der Seele Grenzen magst du nimmer finden, und wenn du auch alle Straßen durchliefest; so weit sind ihre Horizonte!»

Nun könnte jemand kommen und sagen: Dann ist alle Seelenforschung vergeblich! Denn wenn die Seele so weit ist, dass ihre Grenzen nirgends zu finden sind, dann kann sie keine Forschung ermessen und man könnte verzweifeln an ihrer Erkenntnis! Das wird aber nur ein negativer Mensch sagen. Ein positiver Mensch würde hinzufügen: Gott sei Dank, dass dieses Seelenleben so weit ist, dass man es mit keiner Erkenntnis umspannen kann; denn dadurch ist es geeignet, dass wir alles, was wir heute in unserer Seele mit der Erkenntnis umspannen, morgen überschreiten können und so zu höheren Stufen hinaufeilen können! Seien wir froh, dass das Seelenleben in jedem Augenblicke unserer Erkenntnis spottet. Wir brauchen ein unbegrenztes Seelenleben; denn die Perspektive ins Unbegrenzte hinein gibt uns die Hoffnung, dass wir das Positive jeden Augenblick überschreiten können, dass das Seelenleben von Stufe zu Stufe eilen kann. Gerade die Grenzenlosigkeit und Unerkennbarkeit des Seelenlebens gibt uns deshalb die bedeutsamste Perspektive für unsere Zukunftshoffnung und Zukunftszuversicht. Weil wir niemals die Grenzen der Seele selbst finden können, ist die Seele fähig, die Grenzen zu überschreiten und immer höhere und höhere Stufen zu ersteigen.

Rudolf Steiner Impulse
Werde ein Mensch mit Initiative
12 Wege zum Schöpferischen im Menschen